# CATALOGUE

## DES LIVRES

### DU CITOYEN ***, 

Dont la Vente se fera le 1er. Prairial an VII, & jours suivans, à cinq heures de relevée, dans l'une des Salles du Citoyen Sylvestre, rue des Bons-Enfans, n°. 12.

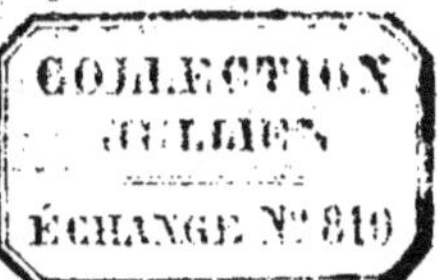



## SE DISTRIBUE A PARIS,

Chez GUILLAUME DE BURE l'aîné, Libraire de la Bibliothèque nationale, rue Serpente, N°. 6.

### AN VII.

# A V I S.

LE Citoyen DE BURE vient de mettre en vente un Ouvrage posthume de J. S. BAILLY, auteur de l'histoire de l'Astronomie, intitulé : *Essai sur les Fables & sur leur Histoire*, 2 vol. in-8°. brochés; prix, 5 fr. & 7 fr. franc de port par la poste.

*On trouve chez le même les Ouvrages suivans, du même Auteur :*

HISTOIRE de l'Astronomie ancienne, deuxième édition. *Paris*, 1781, *in-4°. rel.*                    12 f.
— de l'Astronomie moderne, deuxième édition. *Paris*, 1785, 3 *vol. in-4°. rel.*                    44 f.
    On vend séparément le Tome III de cet Ouvrage, 10 f.
Traité de l'Astronomie Indienne & Orientale. *Paris*, 1787, *in-4°.*
    Les 5 *vol. in-4°. reliés*,                    70 f.
Lettres sur l'origine des Sciences, & sur celles des peuples de l'Asie, adressées à Voltaire. *Paris*, 1777, *in-8°. relié.*                    3 f. 50 c.
— sur l'Atlantide de Platon, & sur l'ancienne histoire de l'Asie. *Paris*, 1779, *in-8°. rel.*                    4 f. 50 c.
Discours & Mémoires contenant les éloges de Charles V, Corneille, Molière, Leibnitz, le Capitaine Cook & autres, &c. *Paris*, 1790, 2 *vol. in-8°. rel.*                    11 f.
On a tiré de ces deux derniers volumes des exemplaires sur papier vélin, *br.*                    15 f.

# CATALOGUE
## DES LIVRES
### DU CITOYEN ***

## SCIENCES ET ARTS.

1. BIBLIOTHÈQUE des anciens Philosophes, par Dacier. *Paris*, 1771, 5 *vol. in-*12 , *baſ.*
2. Dictionnaire de Commerce, par Savary. *Paris*, 1748, 3 *vol. in-fol. v. f.*
3. Théorie & pratique du Commerce & de la Marine, par Uſtariz. *Paris*, 1753, *in-*4°. *v. f.*
4. Le parfait Négociant, par Savary. *Paris*, 1749, 2 *vol. in-*4°. *v. f.*
5. Recueil de différens Ouvrages ſur le Commerce & les Finances. 24 *vol. in-*12 , *v. m.*
6. Eſſai ſur les Monnoies, par Dupré de Saint-Maur. *Paris*, 1746, *in-*4°. *v. f.*
7. La Banque rendue facile, par Giraudeau. *Genève*, 1756, *in-*4°. *v. m.*
8. Recherches ſur les Finances de France, par Forbonnais. *Baſle*, 1758, 2 *vol. in-*4°. *v. m.*
9. Lettres à une Princeſſe d'Allemagne ſur divers ſujets de Phyſique, &c., par L. Euler. *Berne*, 1778, 3 *vol. in-*8°. *baſ.*
10. Nouvelles Récréations phyſiques & mathématiques, par Guyot. *Paris*, 1772, 4 *vol. in-*8°. *v. m. fig. coloriées.*
11. Élémens d'Hiſtoire naturelle & de Chymie, par Fourcroy. *Paris*, 1791, 5 *vol. in-*8°. *br. fig.*

30 *2* 12. Dictionnaire d'Histoire naturelle, par Valmont
de Bomare. *Paris*, 1775, 9 *vol. in-8°. v. m.*

3 — 13. Traité de la Culture des terres, par Duhamel
du Monceau. *Paris*, 1753, *les 2 premiers vol.
in-12, fig. v. f.*

3 *10* 14. L'art de faire éclore & d'élever des Oiseaux
domestiques, par Reaumur. *Paris, Impr. Roy.*
1751, 2 *vol. in-12, v. m.*

2 — 15. L'Art de former les Jardins modernes, où
l'Art des Jardins Anglois. *Paris*, 1771, *in-8°.
v. m.*

2 *15* 16. Élémens de Géométrie, & Traité de Navi-
gation, de Bézout. *Paris*, 1781, 2 *vol. in-8°.
br. fig.*

3 *10* 17. Tables de Logarithmes. *Paris*, 1781, *in-8°.
v. m.*

1 *10* 18. Recueil des Plans, Coupes & Elévations de
l'Hôtel-de-Ville de Rouen, par le Carpentier.
*Paris*, 1758, *in-fol. v. m. fig.*

2 *19* 19. Grande Tactique Prussienne, & Manœuvres
de guerre. *Paris*, 1780, *in-4°. v. m. fig.*

3 — 20. Traité de la Cavalerie, par Drummond de
Melfort. *Paris*, 1776, *in-fol. br. en cart. fig.*

5 *4* 21. Campagnes du Maréchal de Maillebois. *Amst.*
1772, 10 *vol. in-12, v. m.*

1 - 18 22. Essai sur les Feux d'artifice pour le Spectacle
& pour la Guerre, par P. d'O. *Paris*, 1745,
*in-8°. v. f.*

2 — 23. Le Bombardier François, par Belidor. *Paris,
Imprimerie Royale*, 1731, *in-4°. v. b.*

## BELLES-LETTRES.

2 —1 24. Dictionnaire comique, satyrique, &c., de
le Roux. *Amst.* 1750, *in-8°. v. m.*

*il manque les grandes planches
au N° 20.*

25. Abrégé de la Langue Toscanne, par Palomba. Paris, 1768, 3 vol. in-8°. v. m.

26. Essai sur les éloges & sur le caractère, les mœurs & l'esprit des Femmes, par Thomas. Paris, 1772, 3 vol. in-8°. v. m.

27. Anacreon, Sapho, Bion & Moschus, Héro & Leandre, trad. de Musée, par Moutonnet de Clairfonds. Paris, 1780, in-8°. m. bl.

28. Œuvres de Marot. Genève, 1781, 2 vol. in-18, mar. r. == Œuvres choisies de Madame & de Mademoiselle Deshoulières. Genève, 1777, in-18, mar. r.

29. Œuvres de Boileau. Paris, 1766, 2 vol. in-12, v. m. == Œuvres de Madame & Mademoiselle Deshoulières. Paris, 1753, 2 vol. in-12, v. m.

30. Œuvres de Chaulieu. Paris, 1774, 2 vol. in-8°. baf. éc.

31. Œuvres de Chaulieu. La Haye, 1777, 2 vol. in-18, mar. r.

32. Œuvres de Greffet. Londres, 1765, 2 vol. in-12, v. m. == L'Agriculture, poëme, par Rosset. Paris, 1777, in-8°. baf.

33. Œuvres de Greffet. Londres, 1779, 2 vol. in-18, mar. r.

34. La Dunciade, poëme, par Palissot. Londres, 1773, 2 vol. in-8°. baf. == Dialogues des Morts, par Lyttelton. Amst. 1767, in-8°. v. m.

35. Dictionnaire des Théâtres de Paris. Paris, 1756, 7 vol. in-12, v. m.

36. Bibliothèque du Théâtre François, par le Duc de la Vallière. Dresde, 1768, 3 vol. in-8°. v. mar.

37. La pratique du Théâtre, par d'Aubignac. Amsterdam, 1715, 2 vol. in-8°. v. m. Gr. Pap.

== Hiſtoires choiſies des Auteurs profanes , par Simon. *Paris*, 1778, 3 *vol. in*-12 , *v. m.*

38. De l'Art de la Comédie, par Cailhava. *Paris*, 1772, 4 *vol. in*-8°. *v. f.*

Manque le Tome I.

39. Chef-d'œuvres de P. & de T. Corneille. *Paris*, 1771, 4 *vol. in*-12 , *v. m.*

40. Théâtre de Montfleury père & fils. *Paris*, 1776, 4 *vol. in*-12 , *v. m.*

41. Théâtres de Poiſſon & de Diderot. *Paris* , 1766, 4 *vol. in*-12 , *v. m.*

42. Œuvres de Molière. *Londres*, 1784, 8 *vol. in*-18 , *v. éc.*

Manquent les Tomes IV & VIII.

43. Théâtre de Hauteroche. *Paris*, 1772, 3 *vol. in*-12 , *v. m.*

44. Œuvres de d'Ancourt. *Paris* , 1760 , 12 *vol. in*-12 , *v. éc.*

45. Théâtre de Baron. *Paris* , 1759 , 3 *vol. in*-12 , *v. m.* == Théâtre de Société , par Collé. *Paris*, 1777, 3 *vol. in*-12 , *v. m.*

46. Œuvres de Dufreſny. *Paris* , 1747 , 4 *vol. in*-12 , *v. m.*

47. Œuvres de Regnard. *Paris* , 1770 ; 4 *vol. in*-12 , *v. m.*

48. Théâtre de Legrand. *Paris*, 1770 , 4 *vol. in*-12 , *v. m.*

49. Théâtre de Danchet. *Paris*, 1751 , 4 *vol. in*-8°. *v. m.*

50. Œuvres de Deſtouches. *Paris*, 1774 , 10 *vol. in*-12 , *v. m.*

51. Théâtre de Marivaux. *Paris*, 1758 , 5 *vol. in*-12 , *v. m.*

52. Théâtre de Boiſſy. *Paris* , 1766 , 9 *vol. in*-8°. *v. m.*

53. Œuvres de Nivelle de la Chauffée. *Paris*, 1777, 5 *vol. in-*12, *v. m.*

54. Œuvres choifies de Piron. *Genève*, 1777, 2 *vol. in-*18, *mar. r.*

55. Théâtre d'Anfeaume. *Paris*, 1766, 3 *vol. in-*8°. *v. m.*

56. Théâtre & Œuvres de Pannard. *Paris*, 1763, 4 *vol. in-*12, *v. f.*

57. Proverbes dramatiques, par Carmontel. *Paris*, 1774, 6 *vol. in-*8°. *v. m.*

58. Œuvres de Vadé. *Paris*, 1758, 4 *vol. in-*8°. *v. m.*

59. Jérufalem délivrée, par le Taffe. *Genève*, 1777, 2 *vol. in-*18, *m. r.*

60. Aminta, di Taffo. *Parigi*, 1781, *in-*12, *v. éc.* == Novelle Galanti. *Londra*, 2 *vol. in-*12, *br.*

61. Aminta, di Torquato Taffo. *Parigi*, 1781, *in-*12, *v. éc.* == Mémoires du Comte de Grammont, par Hamilton. 1749, 2 *vol. in-*12, *v. m.* == La Henriade, par Voltaire. *Londres*, 1789, *in-*18, *v. éc.*

62. Choix de Poéfies Allemandes, par Huber. *Paris*, 1766, 4 *vol. in-*8°. *br.*

63. The Works of Offian the fon of Fingal, publifhed by James Macpherfon. *London*, 1765, 2 *vol. in-*8°. *br.*

64. La Thériacade & la Diabotanogamie. *Paris*, 1769, 2 *vol. in-*12, *v. m.* == Nouvelle Anthologie Françoife. *Paris*, 1769, 2 *vol. in-*12, *v. m.*

65. Les cent Nouvelles nouvelles, par Madame de Gomez. *Paris*, 1735, 36 *tomes rel. en* 18 *vol. in-*12, *v. m.*

Il manque les Tomes VII & VIII.

66. Contes moraux, par Mademoifelle Uncy. *Paris*, 1763, 4 *vol. in*-12 , *v. m.*

67. Bibliothèque de campagne. *Lyon* , 1766 , 24 *vol. in*-12 , *v. m.*

68. Amours de Catulle & de Tibulle, par de la Chapelle. *Paris*, 1725, 5 *vol. in*-12, *v. b.*

69. Cecilia, ou Mémoires d'une héritière. *Paris*, 1784, 4 *vol. in*-12 , *baf.*

70. Les Contes des Génies. *Amfterdam* , 1782, 3 *vol. in*-12 , *fig. baf.*

71. Le Decameron François, par d'Uffieux. *Amft.* 1776, 2 *vol. in*-12 , *baf.* = Nouvelles Efpagnoles, par le même. *Paris*, 1772, 2 *vol. in*-12, *v. m.*

72. Les Épreuves du Sentiment , par d'Arnaud. *Neufchâtel* , 1773 , 4 *vol. in*-8°. *v. éc.*

73. Faramond, roman. *Paris*, 1753 , 4 *vol. in*-12, *v. m.*

74. Hiftoire de Clariffe Harlove , trad. de l'anglois de Richardfon. *Londres* , 1751 , 12 *vol. in*-12, *v. m. fig.*

75. Hiftoire de Grandiffon , trad. de Richardfon. *Amfterdam* , 1770 , 4 *vol. in*-12 , *baf.*

76. Hiftoire de Tom Jones , trad. de l'anglois de Fielding. *Londres* , 1783 , 5 *vol. in*-18 , *baf. éc.*

77. Hiftoire du Chevalier du Soleil. *Paris*, 1780, 2 *vol. in*-12, *v. m.* = La dernière Aventure d'un homme de 45 ans. *Paris* , 1783 , 2 *vol. in*-12 , *baf.*

78. Hiftoire fecrète de Bourgogne, par Mademoifelle de la Force. *Paris* , 1782, 3 *vol. in*-12, *v. f.* = Les Confidences réciproques. 3 *vol. in*-12, *v. f.*

79. La Nouvelle Héloïfe, par J. J. Rouffeau. *Amft.* 1761, 4 *vol. in*-12 , *v. m.*

80. Le Payſan parvenu, par Marivaux. *Paris*, 1782, 2 *vol. in*-12, *v. m.* = La Payſanne parvenue, par de Mouhy. *Paris*, 1777, 4 *vol. in*-12, *baſ.*

81. La Princeſſe de Clèves, par Madame de la Fayette. *Londres*, 1782, 2 *vol. in*-18, *v. éc.* = Œuvres choiſies de Madame de Graffigny. *Londres*, 1783, 2 *vol. in*-18, *v. éc.*

82. La vie de Marianne, par Marivaux. *Paris*, 1781, 3 *vol. in*-12, *v. m.*

83. Les trois Siécles de la Littérature, par Sabatier de Caſtres. *Paris*, 1779, 4 *vol. in*-12, *baſ.*

84. L'Eſprit d'Addiſſon, ou les Beautés du Spectateur, du Guardian, &c. *Yverdon*, 1777, 3 *vol. in*-8°. *m. bl.*

85. Œuvres de Blaiſe Paſcal. *La Haye*, 1779, 5 *vol. in*-8°. *m. bl.*

86. Œuvres de Saint-Réal. *Paris*, 1757, 8 *vol. in*-12, *v. m.*

87. Œuvres de la Motte. *Paris*, 1754, 11 *vol. in*-12, *v. m.*

88. Œuvres choiſies de Le Sage. *Paris*, 1783, 15 *vol. in*-8°. *v. éc. fig.*

89. Œuvres de J. J. Rouſſeau. *Amſterdam*, 1762, 9 *vol. in*-12, *baſ.* = Œuvres Poſthumes du même. *Genève*, 1781, 9 *vol. in*-8°. *baſ.*

Il manque le Tome Iᵉʳ. des Œuvres.

90. Œuvres de Voltaire, 1756, 19 *vol. in*-8°. *v. m.*

Manque le Tome Iᵉʳ.

91. Collection complette des Œuvres de Voltaire, *Genève*, 1768, 30 *vol. in*-4°. *br. fig.*

92. Lettres de quelques Juifs Portugais à M. de Voltaire. *Paris*, 1781, 3 *vol. in*-8°. *v. m.*

93. Œuvres complettes de Saurin. *Paris*, 1783, 2 vol. *in-8°. v. m.*

94. Œuvres du Père André. *Paris*, 1766, 4 vol. *in-12, v. m.*

95. Œuvres de M. de Belloy. *Paris*, 1779, 6 vol. *in-8°. v. éc.*

96. Œuvres complettes de Marmontel. *Paris*, 1787, les Tomes 1, 2, 4, 11 — 17, *en tout 10 vol. in-8°. v. f. Pap. Fin.*

97. Les Loifirs du Chevalier d'Eon de Beaumont. *Amft.* 1774, 13 vol. *in-8°. v. m.*

98. Œuvres de Paliſſot. *Paris*, 1779, 7 vol. *in-12, v. m.*

99. Œuvres du Comte François Algarotti. *Berlin*, 1772, 7 vol. *in-12, baſ.*

100. Œuvres du philoſophe de Sans-ſouci. 1760, 5 vol. *in-12, v. m.*

101. Les Œuvres de Mylord Comte de Shaftesbury. *Genève*, 1769, 3 vol. *in-8°. baſ.*

102. Lettres de Madame de Sevigné. *Paris*, 1774, 8 vol. *in-12, v. m.*
Manque le tome II.

103. Lettres hiſtoriques & galantes de Madame Dunoyer. *Londres*, 1741, 6 vol. *in-12, v. f.*

## HISTOIRE.

104. Coſmographie élémentaire, par Mentelle. *Paris*, 1785, *in-8°. br. fig.*

105. Recueil de Cartes géographiques, par Delifle, Jaillot, Robert de Vaugondy, &c. au nombre de 66. *in-folio, v. m.*

106. The Weſt indian Pilot, by Jefferys. *London*, 1778, *in-fol. rel. en cart.*

107. The North american Pilot, by Jefferys. *London*, 1777, 2 vol. *in-fol. rel. en cart.*

108. Histoire générale des Voyages, par l'Abbé Prevost. *Paris*, 1746, 76 *vol. in-12, v. m. fig.*

109. Histoire générale des Voyages, par l'Abbé Prevost. *Paris*, 1747, 19 *vol. in-4°. v. f. fig.* Manquent les tomes I & II.

110. Abrégé de l'Histoire des Voyages, par Laharpe. *Paris*, 1780, 21 *vol. in-8°. baf. fig. & Atlas in-4°.*

111. Voyage autour du Monde, en 1766, par Bougainville. *Paris*, 1772, 2 *vol. in-8°. v. m.*

112. Voyage dans l'hémisphère auftral & autour du Monde, par le C. Cook, en 1772 — 1775. *Paris*, 1778, 5 *vol. in-4°. v. m. fig.*

113. Atlas pour le premier Voyage de Cook. *In-4°. rel. en cart.*

114. Journal du Voyage de Courtanvaux, rédigé par Pingré. *Paris, Imp. Roy.* 1768, *in-4°. baf. fig.*

115. Voyage aux Indes & à la Chine, par Sonnerat. *Paris*, 1782, 3 *vol. in-8°. fig. v. m.*

116. Voyage en Portugal & en Espagne, par Twiff. *Berne*, 1776, *in-8°. fig. v. f.*

117. Voyage au Levant, par Corneille le Brun. *Paris*, 1714, *in-fol. v. f. fig. Gr. Papier.*

118. Relation d'un Voyage du Levant, par Tournefort. *Paris, Imp. Roy.* 1717, *in-4°. v. m. fig.* le tome 2.

119. Voyage de Shaw en Barbarie & au Levant. *La Haye*, 1743, 2 *vol. in-4°, v. m. fig.*

120. Tablettes chronologiques de l'Histoire univerfelle, par Lenglet Dufrefnoy. *Paris*, 1763, 2 *vol. in-8°. v. m.*

121. Introduction à l'Histoire générale de l'Univers, par Puffendorff, édit. donnée par de Grace. *Paris*, 1753, 8 *vol. in-4°. v. m. Pap. d'Hollande.*

122. Histoire univerfelle, trad. de l'anglois, d'une

Société de Gens de Lettres. *Amfterdam*, 1747, 43 *vol. in*-4°. *v. m.*

123. La même Hiftoire univerfelle. *In*-4°. *vélin.*

Les tomes I à XIV contenant l'Hiftoire ancienne.

124. Théâtre du Monde, par Richer. *Paris*, 1775, 2 *vol. in*-8°. *fig. baf.*

125. L'efprit des ufages & des coutumes des différens Peuples, par Demeunier. *Paris*, 1776, 3 *vol. in*-8°. *v. m.*

126. L'Efprit des Croifades. *Paris*, 1780, 4 *vol. in*-12, *v. m.*

127. Hiftoire du Traité de Weftphalie, par Bougeant. *Paris*, 1744, 6 *vol. in*-12, *v. m.*

128. Hiftoire de l'ancien & du nouveau Teftament, par Calmet. *Nifmes*, 1780, 3 *vol. in*-8°. *v. b.*

129. Hiftoire Eccléfiaftique, par Fleury. *Nifmes*, 1779, 25 *vol. in*-8°. *v. m.*

130. Commentaires de Céfar, en lat. & en franç. trad. par Turpin. *Montargis*, 1785, *in*-4°. *br. fig.* *les tomes* 2 & 3.

131. Les douze Céfars, traduits du latin de Suétone, par Laharpe. *Paris*, 1770, 2 *vol. in*-8°. *v. m.*

132. Hiftoire Romaine, par Rollin. *Paris*, 1769, 16 *vol. in*-12, *baf.*

Manquent les tomes I & II.

133. Hiftoire des Celtes, par Pelloutier. *Paris*, 1770, 9 *vol. in*-12, *v. m.*

134. Dictionnaire univerfel de la France. *Paris*, 1726, 3 *vol. in-fol. v. b.*

135. Dictionnaire univerfel de la France, par Robert de Heffeln. *Paris*, 1771, 6 *vol. in*-8°. *v. m.*

136. Description de la France , par Piganiol de la Force. *Paris* , 1722, 8 *vol. in*-12, *v. f.*

137. Histoire de France, par Velly. *Paris*, 1769, 26 *vol. in*-12 , *v. m.*

138. Mémoires de Comines. *Bruxelles*, 1714, 4 *vol. in*-8°. *v. b.*

139. Mémoires de Vieilleville. *Paris* , 1757, 5 *vol. in*-8°. *baf.* = Mémoires de Condé. *Londres*, 1740, 6 *vol. in*-12 , *v. br.*

140. Mémoires politiques & militaires d'Adrien-Maurice Duc de Noailles. *Paris* , 1777 , 6 *vol. in*-12 , *baf.*

141. L'Honneur François , ou Histoire des vertus & des exploits de notre Nation , par de Sacy. *Paris* , 1771 , 10 *vol. in*-12 , *v. m.*

142. Histoire du Prince Eugène de Savoie. *Amst.* 1750 , 5 *vol. in*-12 , *v. m.* = Histoire du Maréchal de Saxe, par d'Espagnac. *Paris* , 1773, 2 *vol. in*-12 , *v. m.*

143. Vie de Frédéric II , Roi de Prusse, *Strasbourg*, 1788 , 4 *vol. in*-8°. *br.*

144. Histoire naturelle & civile de la Hollande , par le Francq de Berkhey. *Bouillon*, 1782, 4 *vol. in*-12 , *v. m. fig.*

145. Histoire des Révolutions d'Espagne. *Paris*, 1724 , 5 *vol. in*-12 , *v. m.*

146. Histoire des Révolutions d'Angleterre , par d'Orleans. *Paris* , 1767 , 4 *vol. in*-12 , *v. m.*

147. Histoire de Madame Henriette d'Angleterre , & Mémoires de la Cour de France , par Madame de la Fayette. *Maestricht* , 1779, 2 *vol. in*-12, *baf.* = Letters of Milady Montague. *Paris*, 1784, *in*-12 , *v. m.*

148. Histoire Navale d'Angleterre , par Lediard. *Lyon* , 1751 , 3 *vol. in*-4°. *v. m.*

149. Histoire d'Écosse, trad. de l'anglois de Robertson. *Londres*, 1764, 3 *vol. in-12, v. m.*

150. Histoire de Gustave Adolphe, Roi de Suède, par Arkenholtz. *Amsterdam*, 1764, *in-4°., v. m. fig.*

151. Histoire de Charles XII, Roi de Suède, par Limiers. *Amsterdam*, 1721, 6 *vol. in-12, baf.*

152. Histoire de la Russie, par Leclerc. *Paris*, 1783, les trois vol. de la Russie ancienne, & le tome premier de la moderne. *in-4°. baf.*

153. Histoire de Pologne, par Solignac. *Paris*, 1750, 5 *vol. in-12, v. m.*

154. Introduction à l'Histoire de l'Asie, de l'Afrique & de l'Amérique, par Bruzen la Martiniere. *Amst.* 1738, 2 *vol. in-12, baf.* = Histoire de la conquête du Mexique, par Solis. *Paris*, 1774, 2 *vol. in-12, v. m.*

155. Bibliothèque orientale, par d'Herbelot. *Paris*, 1781, 6 *vol. in-8°. v. m.*

156. Tableau général de l'Empire Ottoman, par Mouradja. *Paris*, 1787, 1 *vol. in-fol. br. en cart. fig.*

157. Histoire de Tamerlan, Empereur des Mogols, &c. *Paris*, 1739, 2 *vol. in-12, v. m.*

158. Histoire de la Louisiane, par le Page du Pratz. *Paris*, 1758, 3 *vol. in-12, fig. v. m.*

159. Armorial général de la France, par d'Hozier. *Paris*, 1738, 9 *vol. in-fol. v. m. Gr. Pap.*

160. Histoire généalogique de la Maison de France, par le P. Anselme. *Paris*, 1726, 9 *vol. in-fol. v. m. G. Pap.*

161. Chef-d'œuvres de l'antiquité sur les Beaux-Arts. *Paris*, 1784, *in-fol. br. fig. les cahiers* 2 & 4.

162. L'Europe illuſtre, par Dreux du Radier. *Paris, 1755, in-4°. les tomes 3 à 6. v. m. fig.*

163. Œuvres de Brantome. *Londres, 1779, 15 vol. in-12, v. m.*

164. Œuvres de Brantome. *Paris, 1787, 8 vol. in-8°. v. m.*

Manque le tome 3.

165. Les Vies des hommes illuſtres de la France, par d'Auvigny. *Paris, 1739, 24 vol. in-12, v. m.*

166. Dictionnaire hiſtorique de Moréry. *Paris, 1759, 10 vol. in-fol. v. m.*

167. Nouveau Dictionnaire hiſtorique, par une Société de Gens de Lettres. *Caen, 1786, 8 vol. in-8°. v. m.*

F I N.

---

*Au commencement de chaque Vacation on vendra des Livres qui ne ſont pas ſur le Catalogue.*

*Les Livres ſeront expoſés dans l'ordre qui ſuit :*

*Le 1er. Prairial.*

Les Numéros . . . . . . . . . . . . 1 — 91.

*Le 2.*

Les Numéros . . . . . . . . . . 92 — 167.

---

De l'Imprimerie de STOUPE, rue de la Harpe, an VII.